ESLC Reading Workbooks Series

EASY SPANISH SHORT NOVELS FOR BEGINNERS

With 60+ Exercises & 200-Word Vocabulary

VOLUME 4
Jonathan Swift's
GULLIVER

ESLC READING WORKBOOKS SERIES

VOLUME 1:
THE LIGHT AT THE EDGE OF THE WORLD
by Jules Verne

*

VOLUME 2:
THE LITTLE PRINCE
by Antoine de Saint-Exupery

*

VOLUME 3:
DON QUIXOTE
by Miguel de Cervantes

*

VOLUME 4:
GULLIVER
by Jonathan Swift

*

VOLUME 5:
SHERLOCK HOLMES ADVENTURES
by Sir Arthur Conan Doyle

ALL RIGHTS RESERVED:

PUBLISHED BY:
EASY SPANISH LANGUAGE CENTER

TRANSLATED, CONDENSED AND PRODUCED BY:
Álvaro Parra Pinto

PROOFREADING:
Magaly Reyes Hill
Dinora Mata Flores

EDITOR:
Alejandro Parra Pinto

ISBN-13: 978-1533339348
ISBN-10: 1533339341

ABOUT THIS WORKBOOK

FUN AND EASY TO READ, this didactic workbook in Easy Spanish is based on Jonathan Swift'S celebrated adventure story *"Gulliver",* translated, edited and simplified to ease reading practice and comprehension using simple wording, brief sentences, moderate vocabulary plus short and entertaining exercises. Especially written in simple, easy Spanish for experienced beginning and low-intermediate students, each chapter is followed by a glossary of Spanish common words and popular expressions and their respective English translations, as well as by fun and simple exercises designed to increase your reading skills, comprehension and vocabulary.

In short words, this new series of workbooks published by the Easy Spanish Language Center aim to provide simple reading practice and boost the development of reading comprehension by offering adequate texts and exercises especially designed to increase the understanding of Spanish as a second language, not only helping students recognize and understand new expressions in a given text, but also to help them identify main ideas, relationships and sequencing based on the understanding that reading is *"a complex, active process of constructing meaning"* instead of *"mere skill application."*

"Gulliver"

THANKS FOR CHOOSING US AND ENJOY YOUR READING PRACTICE!

CONTENTS

1- NACE MI PASIÓN POR EL MAR

NACÍ EN UNA BUENA FAMILIA de la costa de Inglaterra.

Yo siempre quise ser **marinero**, pero mis padres querían que fuera médico

Cuando era joven, mi papá me mandó a estudiar a la ciudad de Cambridge. Allí estudié medicina y en mi tiempo libre **navegación**.

¡Yo soñaba con viajar y conocer otras tierras!

Cuando culminé mis estudios de medicina, tuve la suerte de conseguir un trabajo como médico en un barco. Durante dos años estuve **navegando** por los mares del lejano Oriente.

Al volver a Londres alquilé una casa, monté mi consultorio médico y me casé con **mi prometida** Mary Burton.

fiancée

MI REGRESO AL MAR

Como era poco conocido en Londres, tenía pocos pacientes. Así que, después de pensarlo muy bien, decidí volver al mar.

Fui médico en varios barcos, lo cual me permitió **ahorrar algo de dinero** para mandarle a mi esposa.

took

En mis viajes por altamar, llevaba siempre muchos libros para leer en mi **tiempo libre.**

Cuando **desembarcábamos** en algún lugar, me gustaba aprender las costumbres y el lenguaje de sus habitantes.

Nevertheless

Sin embargo, **comencé a extrañar a mi familia**, así que poco tiempo después regrese a Londres con mi esposa y tuvimos nuestro primer hijo.

Durante varios años volví a trabajar como médico. Esperaba tener éxito, pero no fue así.

"Gulliver"

Un día, sucedió algo que haría que volviera al mar:

Me encontraba en una taberna, cerca de casa, tomando una **refrescante cerveza** cuando de repente, vi a un viejo amigo de **altamar**.

-¡Capitán Goodsail! —dije emocionado- ¿Cómo está? ¡**Tanto tiempo** sin verlo!

-¡Gulliver! —dijo el capitán al verme- ¡qué gran sorpresa! Sí, ha pasado mucho tiempo.

-Así es, cómo cuatro años —contesté.

-¿Cómo estás? ¿Cómo te ha ido? —me preguntó con **gran simpatía**.

-Muy bien, me casé y estoy viviendo con mi esposa y mi pequeño hijo aquí en Londres.

-¿Te casaste? ¡Te felicito! ¿Y en qué trabajas?

-Sigo siendo médico, aunque a veces extraño la vida en alta mar.

-¿Sí? **Casualmente**, estoy buscando un buen médico que quiera viajar en mi barco. ¿Quieres venir?

-¿**En serio**? —le pregunté con mucho interés- ¿Y para donde piensa ir esta vez?

-Estoy preparando un viaje para los mares del sur y de allí navegar hacia los mares de China.

-¿Los mares de China? ¿**Tan lejos**? ¿Y cuánto cree que dure ese **viaje**?

-Si nos va bien, el viaje duraría máximo un año.

-¿Un año? –pregunté interesado- ¿Y **la paga** es buena?

-Claro Gulliver, es muy buena. Y para un médico de tu experiencia, podría ser una gran oportunidad de ganar buen dinero y conocer muchos países. ¿Qué dices? ¿**Te animas**?

-¿Y cuándo piensa partir capitán?

-En una semana, Gulliver. ¿Aceptas?

¡No pude rechazar su oferta! En pocos días, arreglé mis cosas, me despedí de mi familia y comencé mi nueva aventura.

Zarpamos, un día domingo, con un tiempo excelente. El cielo estaba claro y despejado y el mar estaba tranquilo.

La travesía al principio fue muy favorable. ¡Pero lo más importante es que yo estaba feliz de **regresar al mar**!

DESPUÉS DE LA LECTURA

VOCABULARIO

1.-Marinero = sailor

2.-Navegación = navigation

3.-Navegando = sailing

4.-Mi prometida = my fiancee

5.-Ahorrar algo de dinero = save some Money

6.-Tiempo libre = free time

7.-Desembarcábamos = we disembarked

8.-Comencé a extrañar a mi familia

9.-Refrescante cerveza = refreshing beer

10.-Altamar = high seas

11.-Tanto tiempo = so long

12.-Gran simpatía = great simpathy

13.-Casualmente = casually

14.-¿En serio? = ¿Seriously?

15.-¿Tan lejos? = ¿So far?

16.-Viaje = journey

17.-La paga = the pay (salary)

18.-¿Te animas? = ¿Are you encouraged?

19.-La travesía = the journey

20.-Regresar al mar = return to the sea

ACTIVIDADES

1.-Completa la oración:

-Los padres de Gulliver lo mandaron a estudiar en la ciudad de

_____

-Gulliver estudió medicina y _____-

-Gulliver se encontró con el capitán Goodsail en una _____

-El Capitán estaba preparando un viaje para los mares del

_____

2.-Indica si es Verdadero o Falso:

a.-Gulliver era un astronauta _____

b.-El capitán del barco se llamaba Haddok _____

c.-A Gulliver le gustaba mucho el mar._____

3.-Preguntas de selección múltiple:

Seleccione una única respuesta por cada pregunta

1.-¿Qué profesión tenía Gulliver?

a.-Astrólogo.

b.-Maestro de escuela.

c.-Médico.

d.-Policía.

2.-¿Con quién se encontró Gulliver en la taberna?

a.-Con un capitán.

b.-Con su papá.

c.-Con su esposa.

d.-Con nadie.

3.-¿Cuánto durará el nuevo viaje de Gulliver con el capitán ?

a.-Tres años

b.-Dos días.

c.-Máximo un año

d.-15 años.

4.-¿A dónde pensaba viajar el Capitán?

a.-Marte.

b.-El Ártico.

c.-Los Mares del Sur.

d.-Hawaii.

SOLUCIONES CAPÍTULO 1

1.-Completa la oración:

Cambridge, navegación, taberna, sur.

2.-Indica si es Verdadero o Falso:

a.-F.

b.-F.

c.-V.

3.-Preguntas de selección múltiple:

1.-c.

2.-a.

3.-c.

4.-c.

II- UNA TERRIBLE TORMENTA

A LAS DOS SEMANAS DE HABER SALIDO DEL PUERTO, nuestro barco se acercaba a las costas de **la tierra de Van Diemen**.

broke out/exploded

was blowing

De repente, estalló una terrible tormenta. El viento soplaba muy fuerte y **súbitamente** nos arrojó contra las rocas.

¡El barco no pudo resistir el golpe! ¡Se partía en dos y **nos hundíamos**!

-**¡Sálvese quien pueda!** –gritaba el capitán.

-Pero capitán –pregunté desesperado- ¿Qué va a pasar con el barco?

-¡Olvídate del barco, **salva tu vida**!

Apenas tuvimos tiempo de arrojar los **botes salvavidas** al agua. Muchos, **desesperados**, se lanzaron al mar sin ni siquiera un salvavidas.

Yo logré montarme en un bote con otros compañeros. Pero de repente, **una gran ola** empujó al bote tan fuerte que salí volando y caí al mar.

En instantes la fuerza del agua me alejó del bote y pronto dejé de verlo.

Nadé y nadé confiado a mi suerte, **empujado** por viento y marea. A menudo **estiraba las piernas** hacia abajo, **sin tocar fondo**. Poco tiempo después estaba **agotado** y sentía que ya no podía nadar más.

Para mi fortuna, la tormenta comenzó a perder fuerza. De repente, comencé a ver algo que parecía una isla. ¡Sí! Era una isla y estaba muy cerca.

Comencé a nadar hacia ella, **tan rápido como pude**. Al rato, estire mis piernas y al fin sentí que ya podía tocar el fondo. **Comencé a caminar**, hasta que llegue a la playa al **anochecer**.

Comencé a llamar a voces a mis compañeros, pero nadie me contestó.

-¿Y mis amigos? -me pregunté- ¿Se habrán **ahogado**?

Al parecer, solamente yo había tenido la suerte de llegar sano y salvo a tierra firme.

-¡Estoy solo! ¡Estoy solo! –grité mientras me **desvanecía** cansado sobre la arena.

UNA GRAN SORPRESA

Nadar tanto me había dejado sin fuerzas y caí en un **profundo sueño**.

Desperté y ya era de día. El sol de la mañana **me cegaba**.

Intenté levantarme pero no pude. Pensé que había sufrido alguna especie de parálisis y por eso no podía levantarme. Varias veces volví a intentarlo pero no tuve éxito.

Atóntado, tardé en darme cuenta de que estaba **atado**, Mis brazos y mis piernas estaban fuertemente amarrados con miles de cuerdas que parecían hilos.

No podía mover mucho la cabeza sin sentir un gran dolor. Mi larga cabellera parecía estar atada al suelo.

Oí a mí alrededor un ruido confuso que no lograba identificar. Al poco rato, sentí algo moverse sobre mi pierna. Parecía un insecto que avanzaba lentamente sobre mi pecho hasta mi **barbilla**.

Forzando los ojos hasta quedar bizco, vi sobre mi **nariz** a un **hombrecito** armado con un **arco y flecha**. A su lado había muchos otros, todos **apuntándome**.

aiming at me

DESPUÉS DE LA LECTURA

VOCABULARIO

1.-La tierra de Van Diemen = the land of Van Diemen

2.-Súbitamente = suddenly

3.-Nos hundíamos = we were sinking

4.- ¡Sálvese quien pueda! = ¡Save yourself if you can!

5.-Salva tu vida = save your life

6.-Botes salvavidas = lifeboats

7.-Desesperados = desperate

8.-Una gran ola = a great wave

9.-Empujado = pushed

10.-Viento y marea = wind and tide

11.-Estiraba las piernas = stretched my legs

12.-Sin tocar fondo = without touching bottom

13.-Agotado = exhausted

14.-Tan rápido como pude = as fast as I could

15.- Comencé a caminar = I started walking

16.-Anochecer = dusk

17.-Ahogado = drowned

18.-Desvanecía = fainted

19.-Profundo sueño = deep sleep

20.-Me cegaba = blinded me

21.-Atontado = groggy

22.-Barbilla = chin

23.-Nariz = nose

24.-Hombrecito = little man

26.-Arco y flecha = bow and arrow

27.-Apuntándome = aiming at me.

ACTIVIDADES

1.-Completa la oración:

-A las dos ___ de haber salido del puerto, estalló una terrible tormenta.

-Apenas tuvimos tiempo de arrojar los _____ al agua

-Camine _____, hasta que al fin llegue a una playa

-Encima de mi nariz, había un _____ muy pequeño, con un arco y una flecha

2.-Responde Verdadero o Falso:

a.-Al barco lo destruyó una tormenta __

b.-Los habitantes de la isla eran unos pingüinos __

c.-Gulliver amenazó a todos con un cuchillo __

3.-Preguntas de selección múltiple:

Seleccione una única respuesta por cada pregunta:

.1.-¿Hacia dónde iba el barco cuando naufragó?

a.-Las costas de Terranova.

b.-California.

c.-Las costas de la tierra de Van Diemen.

d.-Las islas del Caribe.

2.-¿Dónde se montó Gulliver para abandonar el barco durante la tormenta?

a.- En un bote salvavidas

b.-En un helicóptero.

c.-Brincó del barco.

d.-Se quedó en el barco y se ahogó.

3.-¿ Cómo estaba Gulliver cuando despertó en la playa?

a.-Sentado en un sofá.

b.-Amarrado con miles de cuerdas que parecían hilos.

c.-Acostado en una cama.

d.-Dentro de una jaula.

4.- ¿Qué vio Gulliver montarse sobre su nariz?

a.-Un insecto.

b.-Un perro.

c.-Un pájaro.

d.-Un hombrecito.

SOLUCIONES CAPÍTULO 2

1.-Completa la oración:

Semanas, botes, mucho, hombrecito

2.-Responde Verdadero o Falso:

a.-F.

b.-F.

c.-V.

3.-Preguntas de selección múltiple:

1.-c.

2.-a.

3.-b.

4.-d.

III.- COMIENZA LA AVENTURA

LANCÉ UN ENORME GRITO: - ¡Ay! ¿Qué está pasando? ¿Por qué no me puedo mover? ¿Qué es esto?

Traté de **liberarme**, pero no pude. Al moverme muchos de los hombres pequeñitos que estaban sobre mi pecho se cayeron. Los demás **huyeron**.

Muertos del miedo, me lanzaron una **lluvia de flechas**. Eran tan pequeñas y **afiladas como agujas**.

-¡Ay! ¡Ay! **¿Qué es esto?** -grité- ¿Por qué **me atacan**?

Traté de romper los miles de hilos que me sujetaban al suelo pero no pude. Los hilos eran demasiado fuertes.

Ellos empujaron hacia mí una gran **torre rodante** de madera. Encima de ella, había un hombre de cabello y barba blanca vestido **elegantemente**. Poco tiempo después, supe que se trataba del primer ministro.

-¡*Hilo bigismo ad Liliput*! -gritó a mi oído.

-¿Hilo bigismo ad Liliput? –pregunté asombrado- ¿Qué dices?

- *Hilo bigismo ad Liliput* –repitió el primer ministro.

-¡No entiendo! **¿Qué idioma hablas?**

A pesar de mis estudios y de mis viajes **no entendía nada de lo que decía**.

MI PLAN DE ESCAPE

Después de mucho luchar, logré soltar mi brazo izquierdo y mover mi cabeza. Eso los asustó mucho.

Ellos me lanzaron una nueva lluvia de flechas. Esta vez pude cubrir mi cara con mi brazo y **protegerme**.

Yo pensé que lo más prudente era quedarme quieto hasta el anochecer. En la noche, seguramente se irían a descansar y sí dejaban algunos guardias, no serían problema para mí. **¡Podría escapar!**

"Gulliver"

Durante todo el día fui mostrado como un fenómeno. Una multitud de pequeños hombres y mujeres desfiló a mí alrededor.

Cada vez que yo hablaba, ellos **se tapaban los oídos.** Mi voz les sonaba tan potente como un trueno, y los asustaba.

Caminaban por **todo mi cuerpo.** Cuando lo hacían por mi nariz **me hacía cosquillas** y me daba ganas de **estornudar.** Y cada vez que estornudaba **eran lanzados** por los aires **con la fuerza de un huracán.**

Otros hombrecitos marchaban por debajo de mis piernas. Y yo los levantaba en la mano como un niño lo hace con sus **juguetes.**

DESPUÉS DE LA LECTURA

VOCABULARIO

1.-¿Qué está pasando? = What's happening?

2.-Liberarme = free myself

3.-Huyeron = fled (escaped).

4.-Lluvia de flechas = rain of arrows

5.-Afiladas como agujas = needle sharp

6.-¿Qué es esto? = What is this?

7.-Me atacan = they attack me

8-Torre rodante = rolling tower

9.-Elegantemente = elegantly

10.-¿Qué idioma hablas? = What language do you speak?

11.-No entendía nada de lo que decía = I couldn't understand a thing he said

12.-Protegerme = protect me

13.-¡Podría escapar! = I could escape!

14.-Se tapaban los oídos = shut their ears

15.-Todo mi cuerpo = all my body

16.- Me hacía cosquillas = tickled me

17.-Estornudar = sneeze

18.-Eran lanzados = were hurled

19.-Con la fuerza de un huracán = with the strength of a hurricane

20.-Juguetes = toys

"Gulliver"

ACTIVIDADES

1.-Completa la oración:

-Los hombrecitos le lanzaron a Gulliver una lluvia de ____

-Poco tiempo después, supo que el hombre de cabello y barba blanca era el _____ ministro.

-Durante todo el día Gulliver fue _____ como un fenómeno

- A pesar de los ___ y de sus viajes no entendía nada de lo que decían los ____.

2.-Responde Verdadero o Falso:

a.-Gulliver se cayó del bote salvavidas __

b.-Gulliver llegó a una isla llena de dinosaurios __

c.-Los habitantes de la isla no hablaban ningún idioma __

3.-Preguntas de selección múltiple:

Seleccione una única respuesta por cada pregunta:

1.-¿Qué trató de hacer Gulliver al verse atrapado?

a.-Reirse mucho.

b.-Salir corriendo.

c.-Romper los hilos que lo sujetaban.

d.-Llorar como un niño.

2.- Según la historia en la isla había:

a.-Ladrones de caballos.

b.-Animales prehistóricos.

c.-Pequeños hombrecitos.

d.-No había nadie.

3.-¿Cuál de los hombrecitos le habló a Gulliver al oído

a.-El primer ministro.

b.-Un esclavo.

c.-El presidente.

d.-El Emperador.

4.-¿Qué pasó con los hombrecitos cuando Gulliver estornudaba?

a.-Salieron volando por los aires.

b.-Lloraban.

c.-Comían frutas.

d.-Se murieron todos.

.

SOLUCIONES CAPÍTULO 3

1.-Completa el diálogo:

Flechas, primer, mostrado, estudios, hombrecitos.

2.-Responde Falso o Verdadero:

a.-V.

b.-F.

c.-F.

3.-Preguntas de selección múltiple:

1.-c.

2.-c.

3.-a.

4.-a.

IV.- ¿CUÁNTO COME UN GIGANTE?

ME ENCONTRABA hambriento y muy sediento. No había **comido ni bebido nada** desde que empezó la tormenta. **Con mi mejor sonrisa**, les dije:

-Hola amigos –les dije, pero **nadie me entendía**-. ¿No entienden mi lenguaje?

-¡*Lenguuje*! –gritó uno de ellos.

-¡Tengo hambre! –dije llevando los dedos de mi mano a mi boca para que me entendieran- **Necesito** algo de comer y beber.

Al parecer, el jefe de los hombrecitos me comprendió. Bajó de la torre y dio unas órdenes en un **idioma desconocido**.

Al rato, colocaron varias escaleras cerca de mi boca. Más de un centenar de habitantes subieron por ellas y vaciaron docenas de

baskets

bread rolls

cestas llenas de carne y **panecillos** en mi boca.

EL VINO DE LOS HOMBRECITOS

Era difícil para estos hombrecitos tratar de **alimentarme**.

Me alimentaban como podían, dando mil muestras de asombro por mi apetito. Cuando terminaron de darme de comer, les **hice señas** para que me dieran **algo de beber**.

made gestures

They judged

would not be enough

Por mi modo de comer, **juzgaron** que no me bastaría una pequeña cantidad de bebida. Pusieron en pie uno de sus **barriles** más grandes y después lo empujaron hacia mi único brazo liberado.

Era **vino** y me **lo bebí de un trago**. Para mí, era menos de **medio vaso**. Aunque no era muy sabroso, me lo tomé hasta **la última gota**.

tasty

tasting

Me trajeron un segundo barril, que también me bebí de un golpe. Hice señas pidiendo más y los pequeños hombres, llegaron con dos barriles más de esa bebida

Me tomé los dos barriles de vino de un solo trago. Ya con eso me sentí más aliviado. relieved

Seeing

Viendo que me daba por satisfecho, los hombrecitos dieron **gritos de alegría** y bailaron sobre mi pecho.

DESPUÉS DE LA LECTURA

VOCABULARIO

1.-Comido ni bebido nada = nothing to eat or drink

2.-Con mi mejor sonrisa = with my best smile

3.-Nadie me entendía = no one undestood me

4.-Necesito = I need

5.-Idioma desconocido = unknown language

6.-Escaleras = ladders

7.-Cestas = baskets

8.-Panecillos = bread rolls

9.-Alimentarme = feed me

10.-Hice señas = made gestures

11.- Algo de beber = something to drink.

12.-Juzgaron = judged

13.-Barriles = barrels

14.-Vino = wine

15.-Lo bebí de un trago = drank it in one gulp

16.-Medio vaso = half a glass

17.-La última gota = the last drop

18.-**Gritos de alegría** =cheers of joy

ACTIVIDADES

1.-Completa la oración:

- Gulliver estaba hambriento y muy_____

-Gulliver pensó que los hombrecitos no entendían su _____?

-Los hombrecitos vaciaron en la boca de Gulliver docenas de cestas llenas de ____ y panecillos.

-Gulliver se tomó los dos ____ de vino de un solo trago.

2.-Responde Verdadero o falso:

a.-Gulliver no tenía hambre pues acababa de comer __

b.-Los hombrecitos no entendían lo que decía Gulliver __

c.-A Gulliver le dieron mucha comida y vino __

3.-Preguntas de selección múltiple

Seleccione una única respuesta por cada pregunta:

1.-¿Cómo se sentía Gulliver cuando estaba amarrado?

a.-Muy feliz.

b.-Hambriento y muy sediento.

c.-Con ganas de cantar.

d.-Muy triste.

.

2.-¿Desde cuándo no había comido Gulliver

a.-Desde que empezó la tormenta.

b.-Había acabado de comer.

c.-Nunca había comido porque no tenía boca.

d.-Desde hace un par de años.

.

3.- ¿Qué comida le dieron a Gulliver

a.-Espaguetis.

b.-Carne y panecillos.

c.-Chocolates.

d.-No le dieron nada.

.

4¿Qué bebida le dieron a Gulliver

a.-Vodka.

b.-Agua.

c.-Vino.

d.-Jugo de Naranja.

SOLUCIONES CAPÍTULO 4

1.-Completa la oración:

Sediento, lenguaje, carne, barriles

.

2.-Responde Verdadero o Falso:

a.-F.

b.-V.

c.-V.

.

3.-Preguntas de selección múltiple:

1.-b.

2.-a.

3.-b.

4.-c.

V.- LA CIUDAD DE LOS HOMBRECITOS

DE PRONTO, ME DIO MUCHO SUEÑO *supposed* y me quedé **profundamente dormido**. Después *supe* que los hombrecitos le echaron algo a la bebida para dormirme y evitar que me escapara.

Mientras dormía, ellos construyeron una inmensa **carreta de madera** para llevarme al **palacio** del **Emperador** de aquel **extraño** reino llamado Liliput.

La carreta era **una obra maestra** de la **ingeniería**. Para que resistiera mi peso, tuvieron que hacer muchos **cálculos matemáticos**.

Igualmente admirables, fueron los **aparatos** que crearon para subirme a la carreta. Emplearon **grúas** y **poleas** tan grandes como para la construcción de un gran castillo.

Así y todo fueron necesarios miles de hombres para colocarme sobre la carreta, lo que al fin lograron con mucho **esfuerzo**.

Hicieron falta muchísimos caballos atados a la carreta para **jalarla**. Comenzaba así un lento y largo viaje. Muchos guardias me custodiaban con arcos y flechas, pendientes de que yo no hiciera el menor movimiento.

A la mañana siguiente, estábamos ante las puertas de una ciudad.

-¡Ay! –exclamé al despertar-. **¿Qué pasa?** ¡Amigos! ¡Amigos!

-*¡Amiigus! ¡Amiigus!* –me imitaban los hombrecitos.

-¡Sí, amigos! **¡Soy su amigo!** –trataba de explicar.

-*¡Amiigus! ¡Amiigus!* –ellos seguían sin entender.

Muchos **cortesanos**, vestidos con sus mejores galas, nos salieron al encuentro.

El sitio donde se paró la carreta era un **templo** antiguo. Era **gigantesco** y muy lujoso, apropiado para recibir a alguien de mi tamaño. Que existiera un lugar tan grande fue una suerte para mí. Pues según vi después, era en el único de la ciudad donde podían alojarme.

Para evitar mi huida, el herrero del rey fabricó unas **fuertes y gruesas cadenas**. Las ajustaron a mis piernas asegurándolas con un gran candado. Cualquier seguridad era poca.

Frente al templo, había una torre lo suficientemente alta para que el Emperador y **su corte** tuvieran la oportunidad de hablarme con comodidad y sin riesgos.

CONOCIENDO A LILIPUT

Cuando los hombrecitos vieron que yo ya no era una **amenaza**, cortaron las cuerdas con las que me habían atado en un principio.

Yo me levanté y probé la fuerza de mis cadenas. Eran mucho más fuertes que lo que por su tamaño parecían. ¡No lograría romperlas! Mis **planes de escaparme** se hacían imposibles, lo que me dio gran **tristeza**.

Desistiendo de mi intento, subí la mirada para ver en donde estaba. Al mirar a mí alrededor quedé sorprendido.

Debo confesar que nunca vi tan curioso paisaje. La tierra que me rodeaba parecía un **jardín en miniatura,** los campos cercados estaban sembrados de muchas flores.

woods

Alternaban con estos campos, **bosques** en los que **los árboles más altos** parecían **arbustos**. A mi izquierda vi una linda ciudad que parecía de juguete.

bustes

DESPUÉS DE LA LECTURA

VOCABULARIO

1.-Profundamente dormido = sound asleep

2.-Carreta de madera = wooden wagon

3.-Palacio = palace

4.-Emperador = emperor

5.-Extraño =strange

6.-Una obra maestra = a masterpiece

7.-Ingeniería =engineering

8.-Cálculos matemáticos = mathematical calculations

9.-Aparatos = apparatus (machines)

10.-Grúas = cranes

11.-Poleas = pulley

12.-Esfuerzo = effort.

12.-Jalarla = pull it

13.-¿Qué pasa? ¡Amigos! ¡Amigos!

14.-¡Soy su amigo! = I´m your friend!

15.-Cortesanos = courtiers

16.-Templo = temple

17.-Gigantesco = gigantic

18.-Fuertes y gruesas cadenas = strong and thick chains

19.-Su corte = his court

20.-Amenaza = threat

21.-Planes de escaparme = escape plans

22.-Tristeza = sadness

23.-Debo confesar = I must confess

24.-Jardín en miniatura = miniature garden

25.-Bosques = Woods

26.-Los árboles más altos = the tallest tres

27.-Arbustos = bushes

ACTIVIDADES

1.-Completa la oración:

-Los hombrecitos le echaron algo a la bebida de Gulliver para
_____

-La carreta era una obra _____de la ingeniería.

-Al mirar a su alrededor Gulliver quedó _____

-Los _____ más altos parecían arbustos.

2.-Responde Verdadero o Falso:

a-Gulliver trató a los hombrecitos con toda su furia __

b.-Fueron necesarios miles de hombres para colocar a Gulliver sobre la carreta __

c.-Liliput parecía un jardín en miniatura __

3.-Preguntas de selección múltiple

Seleccione una única respuesta por cada pregunta:

1.-¿Por qué de pronto se durmió Gulliver?

a.-Porque llevaba días sin dormir.

b.-Porque echaron algo en su bebida para dormirlo.

c.-Porque estaba aburrido.

d.-No se durmió.

2.-¿Mientras que Gulliver dormía, qué construyeron los hombrecitos?

a.-Una estatua de dinosaurio.

b.-Unas medias de lana.

c.- Una inmensa carreta de madera.

d.-Un laberinto.

3.-¿Quiénes salieron al encuentro de Gulliver al llegar a la ciudad de Liliput?

a.-Muchos cortesanos.

b.-Unos ladrones de vacas

c.-Representantes de la Reina de Inglaterra.

d.-Un famoso grupo de rock.

.

4.-¿Con que amarraron a Gulliver para evitar su huida?

a.-Con unas fuertes sogas.

b.-Con unas gruesas cadenas.

c.-Con un campo de fuerza.

d.-No lo amarraron.

SOLUCIONES CAPÍTULO 5

1.-Completa la oración:

dormirlo, maestra, sorprendido. árboles

2.-Responde Verdadero o Falso:

a.-F.

b.-V.

c.-V.

3.-Preguntas de selección múltiple:

1.-b.

2.-c.

3.-a.

4.-b.

VI.- EL EMPERADOR DE LILIPUT

YO ESCUCHE UN RUMOR DE VOCES mientras observaba el paisaje. Al voltear vi miles de hombrecitos. Ellos me **miraban** sorprendidos. Se asombraron al verme de pie **debido a** mi gran tamaño.

Las cadenas que me sujetaban eran lo suficientemente largas para dar algunos pasos y estirar las piernas.

Un nuevo rumor **me distrajo** de las reflexiones sobre mi escasa libertad. Al voltear vi un magnífico caballo. En él iba sentado el

Emperador de Liliput, más alto y mejor vestido que el resto de los hombrecitos que había visto hasta entonces.

El Emperador lucía un **casco** de oro, adornado con **piedras preciosas** y decorado con **largas plumas**. En su mano derecha sostenía una **espada dorada** casi tan grande como él.

Su caballo estaba muy asustado, pero el Emperador era un jinete excelente y se mantuvo en la silla. De inmediato acudieron **presurosos** sus servidores y le ayudaron a bajarse.

El Emperador desmontó y caminó majestuosamente hacia mí. Me examinó con gran admiración, siempre manteniéndose fuera de mi alcance.

Traté de hablarle en inglés, alemán, francés, español e italiano. Pero él no comprendió **ni una palabra de lo que yo decía**. Tampoco yo lograba entender las suyas.

El Emperador debió ver en mi cara que tenía hambre. Dio unas palmadas y de inmediato me llevaron varias carretas repletas de comida. Poco después, terminó la visita real y se alejó. Y así, yo quedé en el templo con cientos de soldaditos que me vigilaban

EL SORPRENDENTE CASTIGO

No todos los habitantes de Liliput se sentían felices de tener a un gigante **encadenado** tan cerca de la población.

"Gulliver"

Un grupo de hombrecitos se deslizaron silenciosamente entre los guardias y me atacaron con sus flechas, lanzas y cuchillos. Pero **afortunadamente** ellos pronto fueron rodeados por la guardia personal del Emperador, quienes los capturaron y amarraron.

Con su **afilada lanza**, el capitán de la guardia fue empujando a los atacantes hasta mis manos extendidas. Al ver sus señas, yo entendí que él quería que yo los castigara.

Tomé en mis manos a los atacantes y metí a cinco en el bolsillo. Al sexto lo sostuve frente a mi boca abierta como si fuera a **tragármelo.**

¡Cómo gritaba aquel hombrecito!

-¡Todos ustedes son mis amigos! –les dije riendo.

-¡*Hablimis curnopulos menas*! –gritaba el hombrecito.

-¡Sé que no me entienden, pero soy su amigo! –**insistí.**

Los oficiales mostraron miedo, especialmente cuando me vieron sacar mi navaja. Los miré amablemente y cortando en seguida las cuerdas con que el hombre estaba atado, **lo liberé.**

Luego lo bajé suavemente al suelo. Liberé a los otros cinco y los coloqué junto a él. **Rápidos como el rayo**, todos salieron huyendo llenos de miedo.

Todo el reino de Liliput estaba asombrado por mi tolerancia hacia los hombrecitos que habían intentado matarme. Corrieron a darle la noticia al Emperador.

Tanto los soldados como el pueblo estaban muy agradecidos por este buen gesto. Y así se lo comunicaron al Emperador, para mi **buena fortuna**.

En las noches tenía que dormir en el suelo. A sí pasé un par de semanas, hasta que el Emperador ordenó que se hiciera una cama para mí, pensando en **mi comodidad**.

Construyeron mi cama uniendo muchas de sus pequeñas camitas. También me proporcionaron muchas **mantas** que ellos habían **cosido entre sí**, bastante buenas por cierto.

DESPUÉS DE LA LECTURA

VOCABULARIO

1.-Miraban = watched

2.-Debido a = due to

3.-Me distrajo = distracted me

4.-Casco = helmet

5.-Piedras preciosas = fine jewels

6.-Largas plumas = long feathers

7.-Espada dorada = golden sword

8.-Presurosos = quickly

9.-Ni una palabra de lo que yo decía = not a single Word of what I said

10.-Encadenado = chained

11.-Afortunadamente = fortunately

12.-Afilada lanza = sharp spear

13.-Tragármelo = swallow him

14.-Insistí = I insisted.

15.-Lo liberé = freed him.

16.-Rápidos como el rayo = fast as a lightining

17.-Buena fortuna = good fortune

18.-Mi comodidad = my own confort

19.-Mantas = blankets

20.-Cosieron entre sí = sown together

ACTIVIDADES

1.-Completa la oración:

-Los Hombrecitos estaban asombrados, al ver a Gulliver de pie, por su gran _____.

- El Emperador iba sentado en un magnifico _____.

-El Emperador del reino lucía un casco de ____.

-¡Sé que no me entienden, pero soy su _____! –insistió Gulliver.

2.-Responde Verdadero o Falso:

a.-Un grupo de hombrecitos atacó a Gulliver__

b.-El Emperador del reino de Liliput lucía un casco de oro __

c.-Gulliver se comió a los hombrecitos que lo atacaron __

3. Preguntas de selección múltiple:

Seleccione una única respuesta por cada pregunta

1.-¿Cómo reaccionaron los hombrecitos al ver a Gulliver de pie?

a.- Estaban asombrados por su gran tamaño

b.-Todos se rieron.

c.-Nadie lo quería ver.

d.-Huyeron de la ciudad.

2.-¿Cuando el emperador dio unas palmadas, qué le llevaron a Gulliver?

a.-Una guitarra.

b.-Un barco de madera.

c.-Un sombrero.

d.-Comida.

"Gulliver"

3.-¿Con qué atacaron los hombrecitos a Gulliver?

a.-Con un cañón.

b.-Con flechas, lanzas y cuchillos.

c.-Con un lápiz.

d.-Con una bomba atómica.

.

4.-¿Qué hizo Gulliver con los hombrecitos que lo atacaron?

a.-Se los comió

b.-Los pisó.

c.-Los torturó.

d.-Les perdonó la vida

57

SOLUCIONES CAPÍTULO VI

1.-Completa la oración:

Tamaño, caballo, Oro, amigo.

2.-Responde Falso o Verdadero:

a.-V.

b.-V.

c.-F.

3.-Preguntas de selección múltiple:

1.a.

2.d.

3.b.

4.d.

VII.- LA CORTE DEL EMPERADOR

EL EMPERADOR SE REUNIÓ A SOLAS CON SU CORTE. Ellos no sabían **qué hacer conmigo**.

They arrowed   *to kill me*

Llegaron a pensar en matarme de hambre o dispararme flechas envenenadas. Pero luego consideraron que mi gran cuerpo **descompuesto** desataría una **peste** en todo el reino.

El Emperador **fue interrumpido** por uno de sus súbditos, quien le informo que algo pasaba en el campo.

Intrigados, toda la corte fue al campo **a ver qué sucedía** y se llevaron una gran sorpresa cuando me vieron.

-¡Miren!¡El gigante está cargando varias carretas de heno en cada brazo! -dijo sorprendido el gobernante- Además, ha **arado** todo el campo con los dedos de sus manos.

Todos estaban muy alegres, corriendo a mí alrededor.

El Emperador, al ver que todos estaban más felices que nunca, **sintió vergüenza** de haber pensado en matarme.

Yo me sentía muy **complacido** de ayudarlos, era una manera de devolverles los favores recibidos.

La noticia voló por todo el reino. Y esto atrajo a gran número de personas curiosas, que querían ver al gigante.

Vino tanta gente a verme que casi todas las ciudades del reino se quedaron **vacías**. Esto **causó problemas**, porque los hombrecitos estaban descuidando sus labores.

El Emperador tomó medidas para evitar que el problema **empeorara**. Ordenó que los que ya me hubieran visto regresaran a trabajar. Decidió que se cobrara entrada para verme de cerca. Esto produjo muy buen dinero.

Envió una comisión para pedirles ayuda a los pueblos cercanos. Y así todas las mañanas traían provisiones para mi alimentarme. Como pago les dio oro y piedras preciosas.

a suit

También dio órdenes para que me hicieran un traje adecuado a la moda de su reino. Ya resueltas mis necesidades materiales, llamó a varios de los más destacados sabios del país para que me enseñaran su lengua.

distinguished wisemen

Todas estas órdenes fueron debidamente cumplidas. En semanas hice grandes progresos en el estudio del idioma. El Emperador me honraba frecuentemente con sus visitas para ver mis avances.

Le gustaba participar con mis maestros en la enseñanza. Las primeras palabras que aprendí fueron *"gracias"* y *"quiero mi libertad"*.

EL PRECIO DE LA LIBERTAD

El Emperador y yo empezamos a conversar con frecuencia y eso me ayudo a practicar su idioma.

-Hola, su majestad -le dije un día que me fue a visitar

-¡Ah, ya me sabes saludar! –me contestó muy contento por mi progreso.

-Sí, su majestad. Y sé decir muchas cosas más.

-¡Qué bueno!- dijo el monarca- Dime, ¿cuál es tu nombre?

-Mi nombre es Gulliver.

-¿Gulliver? ¡Ah! ¿Y de dónde vienes?

-Yo vengo de un **país** que se llama Inglaterra.

-¿Inglaterra? ¿Y dónde queda eso?

-Eso queda muy lejos de aquí, en Europa.

-¿Europa? ¿Y eso qué es? ¿Una isla?

-No. Europa es un continente. Inglaterra es una isla de ese continente.

-¿Continente? ¿Y qué es un continente?

-Bueno, un continente es una gran extensión de tierra con muchos países.

-¿Muchos países? ¡Qué extraño! Yo siempre creí que Liliput y Blefuscu eran los únicos dos países del mundo.

-No su majestad —le contesté riéndome-. El mundo es muy grande y en él existen cinco continentes. Hay muchos países con diferentes culturas y tipos de gente.

-¿Ah sí? Pues cuéntame sobre esos países.

Entonces yo le conté muchas cosas sobre todos los países que yo había visitado.

El emperador me oía con mucho interés. Le conté sobre mis vivencias a bordo de varios barcos.

Desde entonces el emperador me iba a visitar todos los días. Nos quedábamos **conversando** durante varias horas.

Cada vez que me visitaba le pedía que me diera la libertad. Yo intuía que él me la iba a dar, pero me pidió que tuviera paciencia.

Un día el emperador me dijo:

-Gulliver, he estado pensando mucho en liberarte. Pero no sé si eso será peligroso para mi reino.

-Pero majestad, ¿por qué?-dije confundido-. ¿Acaso no le he demostrado lealtad?

El emperador no contestó y se fue.

Pocos días después llegó con una muy buena noticia:

¡Finalmente, yo sería puesto en libertad!

-¿Es cierto, su majestad? –pregunté con emoción

-Sí. Pero antes debes cumplir con ciertas condiciones.

-¿Cuáles condiciones, su majestad?

-Antes de ser liberado deberás **jurar** en una ceremonia que mantendrás la paz conmigo y con mi reino.

-¿En una ceremonia? ¿Cómo es eso, su majestad?

-Ten paciencia, ya lo sabrás. Sigue manteniendo la conducta prudente que has tenido. Así terminarás por ganarte el respeto de todos mis seguidores.

DESPUÉS DE LA LECTURA

VOCABULARIO

1.-Qué hacer conmigo = what to do with me

2.-Descompuesto = discomposed

3.-Peste = plague

4.-Fue interrumpido = was interrupted

5.-Para ver qué sucedía = to see what was happening

6.-Arado = sowed

7.-Sintió vergüenza = was ashamed.

8.-**Complacido** = pleased

9.-La noticia voló = the news flew

10.-Vacías =.empty

11.-Causó problemas = caused problems

12.-Empeorara = worsened

13.-Le gustaba = he liked to

14.-País =country

15.-Conversando =chattering

16.-Jurar =swear

ACTIVIDADES

1.-Completa la oración:

-La Corte pensó en matar a Gulliver de hambre o dispararle flechas _____

-Gulliver estaba _____varias carretas de heno en cada brazo

-Un continente es una extensión de ____muy grande con muchos países.

-¡Gulliver sería puesto en _____!

2.-Responde Verdadero o Falso:

a.-Gulliver se sentía muy complacido de ayudarlos __

b.-Gulliver se quería comer a todos los hombrecitos__

c.-Antes de ser liberado Gulliver tendría que participar en una ceremonia. __

3.-Preguntas de selección múltiple:

Seleccione una única respuesta por cada pregunta

1.-¿Qué estaba haciendo Gulliver en el campo con los hombrecitos?

a.-Ayudándolos con sus labores.

b.-Matándolos con los pies.

c.-Se reía al verlos.

d.-Contemplándolos.

2.-¿De qué país dijo Gulliver que procedía?

a.-Francia

b.-Irlanda.

c.-Escocia.

d.-Inglaterra.

"Gulliver"

3.-¿Qué le pedía Gulliver al Emperador cada vez que se reunían?

a.-Ser castigado como un criminal

b.-Una canción

c.-La libertad

d.-Una clase de yoga con el maestro Yoda.

69

SOLUCIONES CAPÍTULO 7

1.-Completa el diálogo:

envenenadas, cargando, tierra, libertad

2.-Responde Verdadero o Falso:

a.-V.

b.-F.

c.-V.

3.-Preguntas de selección múltiple:

1. a

2. d

3. c

VIII.- GULLIVER DEFIENDE A LILIPUT

AHORA DEBES PROMETERME QUE VIVIRÁS en paz con todos los liliputienses -dijo el Emperador- y que nos **defenderás de nuestros enemigos**.

-¿Tienen enemigos, Majestad? -dije amablemente sorprendido por sus palabras.

-¡Oh, sí! —respondió el Emperador-. Estamos en guerra con la gente del reino de Blefuscu.

-¿Blefuscu?

-Sí, la isla de Blefuscu. Desde hace varios años nosotros hemos tenido una **guerra** con ellos. En ella ya llevamos perdidos cuarenta grandes barcos y un número mayor de naves más pequeñas.

-¡Qué horror!

-**Tristemente**, también murieron treinta mil de mis mejores marinos y soldados. Pero las muertes del enemigo fueron algo mayores que las de Liliput. Mis espías han traído informes de que el enemigo ha equipado una flota numerosa. ¡Están preparando una invasión contra mi reino!

-Estoy dispuesto a ayudarlo. Arriesgaré mi vida y los defenderé.

-¡Liberen al gigante!-ordenó el emperador a sus súbditos.

Enseguida los hombrecitos me liberaron.

Me **erguí** para tratar de ver la isla y, poniéndome de puntillas, pude verla. En realidad, no estaba muy lejos de Liliput.

En el **puerto enemigo** había una flota de barcos de guerra. Eran tan grandes como con los que yo jugaba de pequeño.

-¡Tráiganme barras de hierro! –dije.

Las doblé una tras otra, transformándolas en **anzuelos**.

-Ahora tráiganme la **soga** más fuerte del país.

72

Los liliputienses me la llevaron, pero a mí me parecía un **delgado hilo**. Até el hilo a los anzuelos y entré en el agua caminando.

Nadé unos minutos en dirección a la ciudad enemiga.

Al llegar a aguas poco profundas, me puse en pie y caminé hacia la costa.

Todos voltearon a verme.

Tanto los soldados de la ciudad, reunidos en la playa, como los marineros de los barcos que iban a invadir a Liliput, entraron en pánico.

-¡*Giganticux*! –gritaron lanzándome una lluvia de flechas causándome algunas heridas **de poca importancia**.

LA GUERRA TERMINA

Los marineros de las naves de guerra se tiraron al mar. Escaparon nadando para salvarse. Los soldados **arrojaron** sus arcos y sus flechas. Todos huyeron a esconderse.

Me detuve en la playa. Saqué los hilos y los anzuelos y los uní uno tras otro a la proa de todos los barcos del puerto. Saqué los barcos del puerto y los llevé hacía la ciudad de Liliput.

Los enemigos no tenían la menor sospecha de lo que me proponía y quedaron al principio confundidos.

Me habían visto cortar los cables y pensaban que mi idea era dejar los barcos a merced de las olas o que se estrellaran unos contra otros.

No salían de su asombro cuando me vieron llevarme la flota. Lanzaron tal grito de pánico y desesperación, que casi es imposible de describir.

Ya fuera de peligro, me detuve un rato para sacarme las flechas que se me habían clavado en las manos y en la cara.

Luego esperé alrededor de una hora a que la marea estuviese más baja y llegué a salvo al puerto de Liliput.

La gente del reino gritó, hasta quedar ronca, al verme llegar con la **flota enemiga**. Cuando finalmente llegué a tierra, me aclamaron.

-¡Tres hurras para Gulliver!-gritaron todos- ¡Ha salvado a Liliput!

DESPUÉS DE LA LECTURA

VOCABULARIO

1.-Defenderás de nuestros enemigos = defend us from our enemies

2.-Tristemente = sadly

3.-Erguí = rose

4.-Puerto enemigo = enemy port

5.-Anzuelos = hooks

6.-Soga = rope

7.-Delgado hilo = thin thread

8.-De poca importancia = of scarce importance.

9.-Arrojaron = hurled

10.-Flota enemiga = enemy fleet

"Gulliver"

ACTIVIDADES

1.- Completa la oración:

-Debes _____ que vivirás en paz con todos los liliputienses -dijo el Emperador-

-Liliput está en _____ con la gente del reino Blefuscu.

-En el puerto de Blefuscu había una flota de _____ de guerra

-Gulliver sacó los barcos del puerto y los llevé hacía la ciudad de _____.

2.-Responde Verdadero o Falso:

a.-Liliput estaba en guerra contra Libia __

b.-Blefescu era una isla __

c.-Gulliver venció a Blefescu con una gran facilidad __

77

3.-Preguntas de selección múltiple:

Seleccione una única respuesta por cada pregunta

1.-¿Contra qué país estaba en guerra Liliput?

a.-Venezuela.

b.-Alemania.

c.-Blefescu.

d.-Chimpalandia..

2. ¿Cuánto tiempo tenia Liliput en guerra con Blefescu?

a.- Una Semana.

b.- Desde hace varios años

c.-Un siglo.

d.-No estaban en Guerra.

3. ¿Cómo llegó Gulliver a Blefescu?

a.-Montado en un caballo de mar.

b.-Nadando.

c.-Lanzado por un gran cañón.

d.-Caminando.

4.-¿Con que se defendían los soldados de Blefescu?

a.-Con las uñas

b.-Con desodorante.

c.-Con flechas.

d.-Con rifles.

SOLUCIONES CAPÍTULO 8

1-.Completa el diálogo:

Prometerme, guerra, barcos, Liliput.

2-.Responde Verdadero o Falso:

a.-F.

b.-V.

c.-V.

3.-Preguntas de selección múltiple:

1.c.

2.b.

3.b.

4.c.

IX.- LOS MOTIVOS DE LA GUERRA

DESPUÉS DE LLEVAR LOS BARCOS AL MUELLE fui a visitar al Emperador. Para mi sorpresa, me enteré de sus **malvadas** intenciones.

wicked

-Ahora, , querido Gulliver, quiero que me hagas otro favor…

-¿Qué desea, su majestad?

-Quiero que captures a todos los habitantes del reino enemigo. **¡Los quiero a todos!**

-¿Qué dice, su majestad? ¿Quiere tomar prisionera a toda la población de Blefuscu?

-Sí, quiero hacer pagar a esos desgraciados por todas sus ofensas hacia mí y hacia mi reino.

Con todo respeto pero con mucha firmeza le dije:

-No su majestad, usted no puede hacer eso.

-¿Cómo que no puedo? ¡Yo soy el emperador y **puedo hacer lo que quiera**! ¡Te ordeno que me obedezcas!

-**¡No lo voy a hacer**! Es injusto que usted me obligue.

Traté de quitarle esa idea **con numerosos argumentos**. Le hable de los **principios** de la justicia que regían en mi país.

-¡No me importa lo que pienses! Te ordeno que los captures – repitió con firmeza el emperador.

-Pero ellos son un pueblo libre… ¡No entiendo por qué están en guerra con ellos?

-¡Porque **se comen los huevos sin sal**! ¡Es una costumbre muy desagradable! Pero ahora que los hemos derrotado, los obligaremos a comerlos con sal.

¡No podía creer lo que oía!

-¿Están en guerra por eso? –le pregunté sorprendido- ¡Qué absurdo! ¡Esa no es razón para peleár!

Me daba mucha **pena** con los pobladores de Blefusco. Por eso el día siguiente fui a visitarlos y me **disculpé**.

Cuando el Emperador de Liliput se enteró de que me había ido a disculpar se puso furioso.

-¡**Traición**! –gritó- ¡Gulliver es un **traidor**! ¡Lo mataré! ¡Seguramente en este momento está comiendo un huevo sin sal!

El primer ministro le dijo:

-No creo que tengamos que matar a Gulliver, su majestad. Es muy útil tener un gigante **a nuestro servicio**.

-Bueno, no lo mataré -replicó el Emperador–, ¡pero le arrancaré los ojos!

ACUSADO DE TRAICIÓN

Cuando regresé de mi viaje a Blefescu, me acosté en la arena a orilla de la playa a secarme. De repente, un hombrecito de la corte se detuvo junto a mi oreja y tocó una rara trompeta:

-Gulliver, extranjero y traidor -leyó en un pergamino-, como has **traicionado** a la nación de Liliput, serás nuestro prisionero y fuertemente castigado mañana al **mediodía**. **¡Dios salve al Emperador**!

DESPUÉS DE LA LECTURA

VOCABULARIO

1.-Malvadas =wicked

2.-¡Los quiero a todos! = I want them all!

3.-Puedo hacer lo que quiera = I can do whatever I want

4.-¡No lo voy a hacer! = I'm not going to do it!

5.-Con numerosos argumentos = with numerous arguments

6.-Principios = principles

7.-Se comen los huevos sin sal = They eat their eggs without salt

8.-Pena =shame

9.-Disculpé = apologized

10.-¡Traición! = Treason!

11.-Traidor = traitor

12.-A nuestro servicio = at our service

13.-Traicionado = betrayed

14.-Mediodía = noon

15.- ¡Dios salve al Emperador!

ACTIVIDADES

1.-Completa la oración:

-Quiero que _____ a todos los habitantes del reino enemigo – dijo el emperador.

-¡Yo soy el emperador de _____ y puedo hacer lo que quiera!

- No voy a capturarlos, ellos son un pueblo libre y de hombres ____

-Ahora que los hemos derrotado, los _____ a comer los huevos con sal -dijo el emperador

.

2.-Responda Verdadero o Falso:

a.-Gulliver mató a todos en Blefescu __

b.-Gulliver no quiso capturar a un pueblo libre y valiente. __

c.-Gulliver se fue a vivir a Blefescu __

.

3.-Preguntas de selección múltiple

Seleccione una única respuesta por cada pregunta

1.-¿A qué orden del emperador se negó Gulliver?

a.-A tocar guitarra en Blefescu.

b.-A llevarle comida a los habitantes de Blefescu.

c.-A regresar nadando a Inglaterra.

d.-A tomar prisionera a toda la población de Blefuscu.

2.-¿Por qué Liliput estaba en guerra con la ciudad de Blefuscu?

a.-Porque todos en Blefescu eran ladrones.

b.-Porque así lo ordenó la abuela del Emperador.

c.-Necesitaban muchos esclavos para construir una pirámide

d.-Porque comían huevos sin sal

3.-¿Qué sintió Gulliver al enterarse de los motivos de la guerra?

a.-Le gustó mucho.

b.-Mucha pena con los pobladores de Blefusco.

c.-Quiso pintarse la cara de azul.

d.-Se echó a reír.

4.-¿Qué quiso hacer el emperador con Gulliver?

a.-Sacarle los ojos.

b.-Hacerle cosquillas

c.-Regalarle una casa nueva.

d.-Nada

SOLUCIONES CAPÍTULO 9

1.-Completa el diálogo:

captures,. Liliput, valientes, obligaremos.

2.-Responde Verdadero o Falso:

a.-F.

b.-V.

c.-F.

3.-Preguntas de selección múltiple

1.-b.

2.-d.

3.-b.

4.-a.

X.- DE REGRESO A CASA

YO PENSÉ EN HUIR A BLEFUSCU, pero al mirar hacia el mar vi a lo lejos un bote de gran tamaño y en mal estado. Parecía haber sido arrastrado por alguna tempestad. Nadé hacia él y lo llevé hasta la playa.

Corrí hacia el palacio y le conté al rey sobre mi hallazgo. Le dije:

-Su majestad le suplico que ordene a sus armeros que me ayuden a **reparar** el bote para irme a casa. Le prometo que al irme más nunca me volverán a ver y yo ya no seré un problema para ustedes.

Después de un largo tiempo pensando, el rey ordenó a sus armeros a ayudarme a reparar el bote.

Una vez reparado, los hombrecitos llenaron **generosamente** mi bote de alimentos, agua y otras cosas que me serían útiles en el viaje.

Pero antes de irme, pensé que debía hacer algo para terminar con esa absurda guerra.

Tome a los emperadores de ambos reinos y los coloque en la cima de **la montaña más alta.**

-Aquí los traje porque quiero que **hagan las paces**. Solo ustedes pueden entenderse y **acabar con esta absurda guerra.**

-¿Acabar con la guerra? –preguntó sorprendido el emperador de Liliput.

-Sí, es necesario que sus pueblos dejen de pelear.

-Imposible -dijo el emperador de Blefuscu, –a menos de que la gente de Liliput deje de comer los huevos con sal.

-¡No señor! –protestó el gobernante de Liliput– ¡Ustedes son los que tienen que dejar de comer los huevos sin sal!

-¡Eso es una **blasfemia**! ¡Nunca vas a ver a uno de mis súbditos comer huevos de esa manera **asquerosa**!

Ambos emperadores se enfrascaron en una acalorada discusión acerca de la forma válida de comer huevos. Estaban a punto de caerse a golpes cuando yo intervine:

-Sus majestades, discúlpenme que los interrumpa. La mayoría de la gente del mundo considera que cada quien es libre de comer los huevos **a su manera**.

-¿Cada quien a su manera? –preguntaron en coro los dos emperadores.

-Sí, así mismo –les dije-. Existen muchas formas de comer huevo **en todo el mundo**.

-¿De verdad? -preguntó el emperador de Liliput.

-Sí, se pueden comer **fritos**, **revueltos**, **sancochados**, con sal, sin sal. ¡Incluso con **miel**! Hay muchas formas de prepararlos y ninguna es mejor que otra. Es bueno comerlos y la forma de hacerlo no es lo importante.

Los emperadores no podían creer que en mi reino la gente comía los huevos de la forma que querían. Al escucharme sintieron vergüenza. Apenados, ambos se dieron un fuerte abrazo y decidieron terminar con la guerra.

Y así **me despedí**.

A bordo del barco que ellos me ayudaron a reparar, pronto dejé atrás a los dos reinos ahora amigos y me alejé en el mar sin saber que nuevas aventuras me esperarían.

Pasé largo tiempo sin saber a dónde me dirigía. Y entonces vi un barco que navegaba en mi dirección y cuando lo tuve cerca grité pidiendo ayuda.

Minutos después me rescataron. ¡Finalmente regresaría a casa!

Lo primero que hice al **abordar el barco** fue darle las gracias al capitán por haberme salvado.

¡Por primera vez en varios meses iba a dormir en una cama de mi tamaño!

¡Estaba tan feliz! ¡Muy pronto volvería a ver a mi familia!

Durante el largo viaje de regreso a Inglaterra, me senté todas las noches a cenar en la mesa del capitán. Y así, poco a poco, le conté sobre mis extraordinarias aventuras con aquellos raros hombrecitos en el maravilloso y sorprendente reino de Liliput.

DESPUÉS DE LA LECTURA

VOCABULARIO

1.-Reparar = repair

2.-Generosamente = generously

3.-La montaña más alta = the highest mountain

4.-Hagan las paces = make peace

5.-Acabar con esta absurda guerra = end this absurd war

6.-Blasfemia = blasphemy

7.-Asquerosa = disgusting

8.-A su manera = their own way.

9.-En todo el mundo = in the whole world.

10-Fritos = fried

11.-Revueltos = scrambled

12.-Sancochados = boiled

13.-Miel = honey

14.-Me despedí = bid farewell.

15.-Abordar el barco = board the ship

ACTIVIDADES

1.-Completa la oración:

-Gulliver suplicó al emperador para que lo ayudaran a reparar el ____ para irse a su casa.

-Gulliver les pidió a los dos gobernantes que hicieran las ____

El emperador de Blefuscu dijo que era ____ dejar de pelear a menos de que la gente de Liliput deje de comer los huevos con sal.

-Gulliver vio un barco que navegaba a su dirección y cuando los tuvo cerca ____ .

2.-Responde Verdadero o Falso:

a.-Gulliver reunió a los emperadores para acabar con la guerra __

b.-Los emperadores discutieron por la forma válida de comer huevos __

c.-Gulliver dijo que existen muchas formas de comer huevo __

3.-*Preguntas de selección múltiple*

Seleccione una única respuesta por cada pregunta

1.-¿Para dónde pensó huir Gulliver?

a.-Para Blefuscu.

b.-Para su casa de playa

c.-Para la Casa Blanca.

d.-Para la Luna.

2.-¿Qué vio Gulliver en la playa?

a.-Una nave espacial.

b.-Un bote de tamaño normal.

c.-Un automóvil.

d.-Un elefante.

3.-¿Cuántas maneras de comer huevos hay?

a.-Una

b.-Dos.

c.-365.

d.-Muchas.

4.-¿Con qué se encontró Gulliver luego de abandonar la isla?

a.-Con Mickey Mouse.

b.-Con un barco que navegaba en su dirección

c.-Con un avión.

d.-Con una ballena.

SOLUCIONES CAPÍTULO 10

1.-Completa el diálogo:

Bote, paces, Imposible, gritó.

2.-Responde Verdadero o falso:

a.-V.

b.-V.

c.-V.

3.-Preguntas de selección múltiple

1.-a

2.-b

3.-d

4.-b

"Gulliver"

ESLC READING WORKBOOKS SERIES

VOLUME 1:
THE LIGHT AT THE EDGE OF THE WORLD
by Jules Verne

VOLUME 2:
THE LITTLE PRINCE
by Antoine de Saint-Exupery

VOLUME 3:
DON QUIXOTE
by Miguel de Cervantes

VOLUME 4:
GULLIVER
by Jonathan Swift

VOLUME 5:
THE ADVENTURES OF SHERLOCK HOLMES
by Sir Arthur Conan Doyle

PUBLISHED BY:
EASY SPANISH LANGUAGE CENTER

TRANSLATED AND CONDENSED BY:
Álvaro Parra Pinto

PROOFREADING AND EDITING:
Magaly Reyes Hill
Dinora Mata Flores

EDITOR:
Alejandro Parra Pinto

CHECK OUT OUR SPANISH READERS IN AMAZON!

CHILDREN′S BOOKS IN EASY SPANISH SERIES

VOL. 1: PINOCHO

VOL. 2: JUANITO Y LAS HABICHUELAS MÁGICAS

VOL. 3: ALICIA EN EL PAÍS DE LAS MARAVILLAS

VOL. 4: PETER PAN

VOL 5: LA SIRENITA

VOL. 6: LA BELLA DURMIENTE

VOL. 7: BLANCANIEVES Y LOS SIETE ENANOS

VOL. 8: LA CENICIENTA

VOL. 9: EL LIBRO DE LA SELVA

VOL 10: EL JOROBADO DE NOTRE DAME

VOL 11: HANSEL Y GRETEL ¡y más!

VOL 12 GULLIVER

VOL 13: RAPUNZEL

VOL 14: LA REINA DE LAS NIEVES

VOL 15: BAMBI

VOL 16: LA BELLA Y LA BESTIA

VOL 17: HÉRCULES

FUNNY TALES IN EASY SPANISH SERIES

VOL. 1: JAIMITO VA A LA ESCUELA

VOL. 2: EL HOSPITAL LOCO

VOL. 3: VACACIONES CON JAIMITO

VOL. 4: EL HOSPITAL LOCO 2

VOL. 5: RIENDO CON JAIMITO

VOL. 6: NUEVAS AVENTURAS DE JAIMITO

VOL. 7: JAIMITO REGRESA A CLASES

VOL. 8: JAIMITO Y EL TÍO RICO

VOL. 9: JAIMITO Y DRÁCULA

VOL. 10: JAIMITO Y MR. HYDE

Printed in Great Britain
by Amazon